ÉTUDE

SUR LES

RÉGULIERS D'AB-EL-KADER

PAR

Un Lieutenant du 1ᵉʳ Tirailleurs Algériens

Honni soit qui mal y pense.

MEAUX

IMPRIMERIE DESTOUCHES

Rue de la Juiverie, 1

—

1884

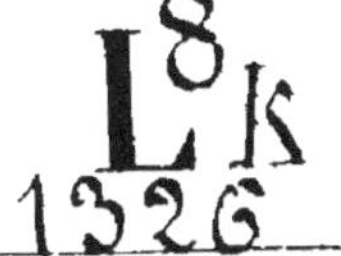

ÉTUDE

SUR LES

RÉGULIERS D'AB-EL-KADER

PAR

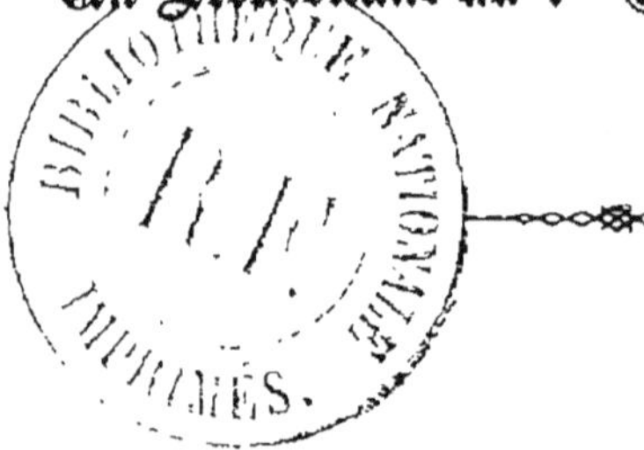

Honni soit qui mal y pense.

MEAUX

IMPRIMERIE DESTOUCHES

Rue de la Juiverie, 1

—

1884

A mon père, hommage respectueux.

G. N.

ÉTUDE

RÉGULIERS D'ABD-EL-KADER

Dans la grande lutte que la France eut à soutenir en Algérie, Abd-el-Kader avait organisé la défense de son pays avec une habileté qui aurait fait honneur aux meilleurs tacticiens, et qui exigea peut-être plus de génie que beaucoup d'entreprises dont l'éclat a rempli l'univers.

Il avait remarqué que les Arabes, si prompts à répondre à son appel quand le succès couronnait ses efforts, abandonnaient bien facilement ses étendards quand la fortune lui était contraire ; il songea donc à asseoir sa puissance sur des bases solides en créant des troupes régulières qui lui permettraient de tenir toujours en éveil le fanatisme des tribus.

Dans toutes les rencontres où nous n'avions pas été surpris, les Arabes avaient pu apprendre à leurs dépens combien nous leur étions supérieurs au point de vue de l'organisation et de l'armement. En vain leurs cavaliers, lancés à la charge, se précipitaient sur nos carrés ; en vain leurs fantassins s'élançaient sur nos soldats en poussant des cris et cherchaient à les ébranler ; jamais ils n'avaient pu résister aux effets d'un tir bien réglé ; l'emploi de la baïonnette leur avait toujours été funeste, et nos chasseurs d'Afrique avaient toujours en raison de leurs cavaliers.

Aussi, lorsque nos soldats, toujours inférieurs en nombre, avaient résisté au premier choc de la cohue qui les attaquait sans ordre et sans direction, les Arabes se considéraient comme battus, acceptaient avec résignation leur défaite momentanée et retournaient attendre dans leurs tribus que les lieutenants de l'émir vinssent réveiller leur zèle et leur fanatisme.

C'est pour leur donner plus de confiance et pour détruire en eux cette pensée d'infériorité, qui leur faisait appréhender d'aller au combat, qu'Abd-el-Kader résolut de déployer un véritable appareil de force, et de montrer que lui aussi pouvait mettre à sa disposition les éléments de résistance les plus sérieux.

En revenant de la Mecque, il avait étudié les manœuvres et l'organisation des troupes égyptiennes et il se décida à créer des bataillons comme ceux qu'il avait vus en Egypte et plus tard au Maroc. Une fois les bataillons organisés, il se proposait d'en faire un noyau de résistance autour duquel viendraient se grouper tous les croyants, quand l'heure du combat aurait sonné ; ces bataillons sauraient aussi ramener dans le devoir les tribus tentées d'abandonner la cause du Prophète ou plutôt la sienne.

Le but apparent de la création des réguliers était donc de nous opposer des troupes d'une certaine consistance ; le but véritable était de donner à l'émir une espèce de garde attachée à sa personne, garde qui lui permettrait de réprimer les agissements de certains chefs de tribu auxquels sa gloire portait ombrage.

Avant d'entrer dans les détails d'organisation de ces

corps de troupe, il ne serait peut-être pas inutile de jeter un rapide coup-d'œil sur les évènements qui amenèrent leur formation et sur l'état de la contrée dans laquelle nous devions nous établir d'une façon définitive : nous verrons qu'Abd-el-Kader trouva dans les tribus du littoral des éléments tout formés qui devaient lui servir pour le but qu'il se proposait d'atteindre ; grâce à son habileté, il utilisa pour sa cause les habitudes de discipline que les anciens maîtres du pays avaient fait prendre aux tribus voisines des points occupés par eux. Il s'agit des milices arabes que les Turcs avaient à leur solde. Ceux-ci avaient créé des espèces de colonies militaires composées d'indigènes et d'aventuriers étrangers auxquels le gouvernement du bey avait concédé des terrains à la charge du service des armes. Cette force avait permis aux Turcs de soutenir leur autorité à très-bon compte, car elle leur coûtait très-peu, et, étant prise d'autre part dans le sein du peuple conquis, elle était à même de donner des renseignements sur les moindres tentatives de révolte.

Ces troupes se trouvaient en ligne avec les Turcs d'Ibrahim et avaient pris part aux combats de Staouéli et de Sidi-Kalef ; mais après la prise d'Alger, elles s'étaient dispersées et chacun était rentré dans sa tribu.

Nos rapides succès avaient rempli les Arabes de stupéfaction, mais bientôt ils avaient relevé la tête et d'un commun accord avec les anciens mercenaires des Turcs, ils avaient commencé les hostilités. La prise d'Alger n'était, en quelque sorte, que le premier acte de la conquête, et la chute de la capitale ne nous donnait pas le beau territoire qu'elle enlevait aux Turcs. Il fallait s'assurer la possession du pays, et entamer cette longue série de combats dans lesquels la barbarie, après des alternatives de succès

et de revers, devait finir par succomber sous les efforts
lents, mais sûrs, de la civilisation.

Au début les tribus nous attaquèrent isolément et furent
facilement soumises ; mais bientôt la vieille haine des musulmans contre le nom chrétien réunit dans une seule al-
liance de nombreuses fractions habituellement en guerre
les unes contre les autres ; un double motif, la foi reli-
gieuse et l'espoir du butin, les poussait à faire cause com-
mune contre les Français.

Le 3 mai 1832, à l'appel des marabouts qui prêchaient
la guerre sainte contre les Infidèles, les tribus se réunirent
dans la plaine de Zegris pour élire un chef : Mahiddin,
chef des Zaouïa ou assemblées religieuses, leur présenta
son fils Abd-el-Kader qui avait déjà fait deux fois le
voyage de la Mecque et était déjà connu grâce à des pro-
phéties habilement répandues sur son compte dans toute
la province d'Oran. Acclamé émir par elles, Abd-el-Kader
monta aussitôt à cheval et fit son entrée à Mascara. « Il
« avait vingt-six ans ; c'était un beau jeune homme aux
« pieds blancs, aux mains vraiment patriciennes ; sa fi-
« gure était chaude et fine ; ses yeux étaient tout chargés
« des méditations de la Bible et du Coran ; il y avait même
« sur sa physionomie rayonnante cette légère teinte d'iro-
« nie que la science laisse toujours plus ou moins comme
« une marque au front de ses élus. Il était plutôt fait pour
« la politique que pour la guerre ; aussi devait-il apporter
« dans la guerre toutes les ruses de la diplomatie orientale
« et toute la persistance d'un ambitieux. Gracieux dans
« son langage, d'un aspect élégant, souriant dans son ap-
« parente faiblesse, il gardait en lui même le secret de sa
« force pour s'en servir au moment opportun. »

Tel était l'homme qui devait nous faire échec, et ne capituler qu'après la soumission complète de son peuple, car il nous combattit « tant qu'il eut derrière lui un homme et un cheval. »

Dans l'organisation de son armée, les bataillons furent créés successivement, et leur nombre augmenta à mesure que l'autorité de l'émir s'étendit plus au loin.

Il serait à peu près impossible d'énumérer, en suivant l'ordre chronologique, les dates des diverses formations ; il serait également fort difficile de donner un tableau de la disparition de ces corps, qui se fondirent peu à peu à partir du jour où l'étoile de l'émir commença à pâlir. Aussi les détails qui suivent donnent l'organisation des bataillons de réguliers à une époque où cette organisation était complète, c'est-à-dire dans les années qui suivirent le traité de la Tafna. A cette époque, la puissance d'Abd-el-Kader était à son apogée ; chacun tremblait devant lui, et les tribus, pleines d'espérance, demandaient à grands cris la guerre sainte. Témoins ces chants faits en l'honneur de l'émir, chants bien capables d'entretenir la haine contre les chrétiens : « Ses soldats sont des colliers dont les canons sont les nœuds ; leurs feux pétillent, ils foudroient l'ennemi : la stupeur qu'ils causent anéantit l'esprit. Parmi leurs cent drapeaux s'élancent un syaf, un officier qui met l'ordre en tous lieux, et un chef de ligne, un khodja intelligent ; les plus braves obéissent à leurs ordres ; comme le lion sur le mouton, ils se jettent sur l'ennemi ; partout la victoire les a accompagnés ; c'est qu'ils mettent leur confiance dans le tout-puissant. Lorsqu'ils forment le carré, on dirait une ville aux remparts luisants ; il en descend des foudres avec le bruit du tonnerre ; les nuages sont jaloux de cette fumée ; ce sont des vapeurs incessantes qui se succèdent ; ce sont des averses de feu ; ne dites pas qu'ils manquent l'ennemi, ils le broient, le sol roule des rivières de sang, et c'est pour la gloire des vrais croyants ; car celui qu'ils aiment va triompher, etc. »

Ces troupes qui donnaient tant de confiance aux Arabes et tant de solidité au pouvoir de l'émir, formaient, au dire de certains, une armée de 20.000 réguliers, non compris la cavalerie. Mais ce chiffre, fourni par des gens un peu enthousiastes, semble entaché d'exagération, et, si l'on en croit d'autres témoins, on arrive, en additionnant le nombre d'hommes, que chacun des lieutenants de l'émir avait sous ses ordres, à un chiffre bien inférieur.

Les lieutenants ou khalifats étaient au nombre de sept ; pendant la paix, ils commandaient diverses régions territoriales ; ils étaient en fait des gouverneurs de province, faisant rentrer les impôts dans les caisses, se rendant compte de l'esprit des populations, et apaisant tout germe de révolte grâce aux troupes régulières qu'ils avaient sous leurs ordres.

C'étaient, pour la plupart, les anciens compagnons d'étude d'Abd-el-Kader : il les avait pris parmi ses camarades de la zaouïa de son père et avait naturellement distribué ses faveurs à ceux dont il avait pu reconnaître l'énergie et l'attachement à sa cause.

Chacun des khalifats recrutait dans le pays qu'il avait à commander ; de là de grandes différences dans les effectifs des divers contingents, ainsi que l'indique le tableau suivant ; ils avaient :

Bou-Hamedi, à Tlemcen	1.200	hommes.
Sidi-Embarek, en Kabylie	1.000	—
Ben-Salem, dans la grande Kabylie .	1.200	—
A reporter . . .	3.400	—

Report . . . . 3.400 hommes.

Mustapha . . . . 1.800 —
El-Berkani, à Médéah. . . . . . . 1.200 —
Ben-Allal . . . . 1.000 —
Jdid, dans le Hamza . . . . 1.200 —

Total . . . . 8.600 hommes.

Ce total de huit à neuf mille hommes doit se rapprocher assez de la vérité.; d'ailleurs, l'infanterie régulière ne parut jamais au complet sur le champ de bataille.

Abd-el-Kader avait formé une garde spéciale composée en grande partie de nègres, comme la garde de l'empereur du Maroc; cette troupe le suivait partout; quant aux bataillons de réguliers, ils ne prenaient part à la lutte qu'autant qu'elle devait avoir lieu dans le pays qu'ils occupaient, du moins dans le principe. Leur mission était alors de former un centre de résistance autour duquel se groupaient les tribus, à l'appel du khalifat. Ce dernier, outre la cavalerie commandée par un agha sous ses ordres, était le chef d'un ou deux bataillons divisés en compagnies. Il était à cheval, vêtu de rouge, armé du sabre, et portait comme insigne, de chaque côté de la poitrine, une décoration analogue au crachat; ses habits étaient couverts de broderies et contrastaient avec ceux de l'émir, qui portait un burnous violet de la plus grande simplicité; sur le crachat de droite était écrit : « Kelmet ch'aârda. » — « Le dernier mot de la mort » ; sur l'autre on lisait : « Dieu est Dieu et Mahomet est son prophète. » — Comme coiffure, il portait la chachia, ornée sur le devant d'une main à huit doigts dont sept en or, un en argent, et la paume de la main en or.

Les réguliers placés sous un même commandement avaient un drapeau qui, pendant la paix, restait chez le khalifat ; en guerre, il était porté par un officier porte-drapeau de même grade que les syafs ou commandants de compagnie. Pour le combat ou la parade, le drapeau était placé à la gauche de la 6me compagnie, ou à la droite de la 7me, suivant l'effectif de la troupe.

Le khalifat, était nommé par l'émir, duquel il relevait directement, et il avait vis-à-vis des reislaskers et des syafs les pouvoirs et les fonctions d'un colonel.

Sous les ordres du khalifat était le reislasker ou pilote des chefs ; il y en avait un pour dix commandants de compagnie ; il surveillait les manœuvres et donnait à l'instruction une impulsion uniforme. Son vêtement, de couleur rouge, était en drap fin et portait quatre insignes en argent ayant chacun des inscriptions diverses ; sur le côté gauche de la poitrine c'étaient deux croissants en argent sur lesquels on lisait le nom de Mahomet.

Les appointements des reislaskers étaient de 22 rialets (1) ; il était logé et habillé aux frais du Trésor, et aux distributions du jeudi, il avait droit à un mouton ; en outre, il recevait trois pains et une livre de beurre par jour.

Il avait avec lui comme secrétaire un Khodja Kébir ; celui-ci avait la tenue et le rang d'officier, mais il n'avait pas de commandement. Ses fonctions consistaient en écritures relatives aux ordres, à la tenue, à la solde, etc. ; c'était lui qui veillait à ce que les hommes eussent la moustache coupée et à ce que les ablutions prescrites par le Coran fussent faites en temps opportun. C'était en quelque sorte un aumônier militaire. Il avait douze rialets par mois, recevait une première tenue et touchait un quartier de mouton tous les jeudis.

---

(1) Voir plus loin la valeur de cette monnaie.

Les malades, transportés dans des hôpitaux, étaient soignés par des médecins ; ceux-ci ne marchaient pas avec la troupe ; ils logeaient dans les ambulances où ils avaient des médicaments à leur disposition. Des hommes d'un caractère doux étaient recrutés par eux pour remplir les fonctions d'infirmiers. Le médecin, aux appointements de douze rialets, était habillé par l'État et touchait un quartier de mouton le lundi et le jeudi de chaque semaine.

La compagnie, unité de combat, était de cent hommes ; c'était le mya. Elle était divisée en trois tentes ou sections.

Chaque mya était sous les ordres d'un officier ou syaf ; ce nom lui venait d'un sabre brodé en argent qu'il portait sur le bras gauche et qui était l'insigne de son grade. Comme tenue il avait un burnous rouge ; sa coiffure, la chéchia était ornée sur le devant d'une main dont la paume était en or et dont les doigts, au nombre de cinq, étaient deux en or et trois en argent ; il était armé du sabre et portait deux pistolets à la ceinture ; le sabre portait diverses inscriptions, telles que les mots : valeur, discipline, courage, etc...

Il était responsable de l'instruction de son mya, devait connaître son effectif en hommes et en fusils, et passer des revues chaque semaine. Il faisait faire les réparations aux armes en mauvais état, assistait aux appels du matin et du soir, devait apprendre la manœuvre du canon et savoir pointer une pièce.

Les règlements lui interdisaient de monter à cheval pour les exercices et pour la bataille. Cette prescription avait pour but de ne pas trop l'exposer aux coups de l'ennemi, et peut-être bien de l'obliger à partager la mauvaise fortune de ses hommes au moment du danger. Il devait donc rester toujours à la tête de sa centaine, la conduire et vaincre ou périr avec elle le jour de la bataille.

Par suite d'une autre prescription assez singulière, il devait savoir plaire aux soldats placés sous ses ordres, sous peine de destitution.

Des punitions sévères étaient établies pour tout manquement aux règles de la discipline : c'étaient des arrêts de cinq, dix ou soixante jours, pendant lesquels il ne touchait pas d'appointements et ne pouvait paraître en présence de l'émir. Pour des faits graves, il était rayé des grands contrôles, dépouillé de ses vêtements et remis simple régulier.

Les appointements du syaf étaient de douze rialets par mois ; en cas de mort au champ d'honneur, le traitement était continué à la veuve et aux enfants à titre de pension.

Sous les ordres du syaf, dans la compagnie, il y avait trois sous-officiers, trois caporaux et trois soldats de 1re classe. Un quatrième sous-officier ou khodja était attaché à la personne du syaf ; il avait une tenue en drap cramoisi, et portait comme insigne un croissant en or avec l'inscription « Affection de l'émir qui combat pour la gloire de l'Islam. » Sa solde était de sept rialets par mois et il touchait la moitié d'un quartier de mouton par semaine.

L'emploi de khodja était généralement donné à des musulmans d'origine tunisienne ou égyptienne, lesquels sortaient de troupes régulières ou avaient une certaine somme de connaissances.

Le sous-officier, ou chef de tente, commandait une section ; il couchait dans la tente, ayant près de lui le soldat de 1re classe et en face le caporal et ses deux aides ; comme les hommes, il était armé du fusil, mais il avait la veste noire et le pantalon rouge. Comme insigne de son grade,

il portait sur le bras gauche une chaînette d'argent attachée sur la manche avec des agrafes ; à cette chaînette en
étaient suspendues plusieurs autres plus petites terminées
par des croissants. Dans certains bataillons, l'insigne du
grade du sous-officier était un simple galon en argent
semblable à ceux en usage dans les troupes légères.

Chaque jour, matin et soir, il faisait l'appel nominal de
sa section après avoir placé les hommes par rang de taille
et les avoir alignés.

Comme récompense des services rendus, le sous-officier portait sur la chachia la main à quatre doigts dont
trois en argent et un en or. Le soldat, qui s'était fait
remarquer par sa valeur, recevait une récompense du
même genre ; mais la main n'avait que trois doigts, dont
deux en argent et le troisième en or. Cette décoration
s'attachait sur le devant de la coiffure ; elle était mainte-
nue en haut, à l'aide de crochets ou d'agrafes placés sous
les doigts, et, en bas, par deux baguettes qui pénétraient
dans une espèce de poche adhérente à la chéchia.

Le sous-officier avait droit à un demi-quartier de mouton et il recevait une solde de huit rialets par mois.

Le caporal était chargé du service des vivres pour les
hommes de sa tente ; il avait sous ses ordres deux hommes
chargés de faire la cuisine, de veiller au transport de la
tente et à son installation. Il gardait pour lui la peau des
moutons égorgés.

Lui et ses deux aides ne combattaient pas : lorsque la
compagnie se mettait en route, ils partaient en avant avec
les mulets, dressaient la tente et préparaient les distributions.

Le caporal avait deux galons en laine rouge ; le soldat
de 1re classe n'en avait qu'un, porté sur le bras droit et

faisant le tour de la manche ; ce dernier aidait le sous-officier dans tous les détails du service.

Les tambours avaient un uniforme cramoisi ; ils avaient des batteries différentes pour les corvées, la garde, les manœuvres, les alertes, etc. ; il y avait une batterie pour chaque grade ainsi que pour les officiers.

Les hommes étaient admis sous les drapeaux par le khalifat, sur la présentation d'un syaf. Ils étaient alors portés sur les contrôles, puis placés dans une section ; le syaf de la compagnie les faisait armer, habiller et équiper ; ils avaient droit à la solde et aux vivres. Pour armes, ils avaient des fusils avec ou sans baïonnette ; la poudre et les balles leur étaient données au fur et à mesure des besoins, une amulette était attachée à la crosse du fusil et à la poignée des sabres : Abd-el-Kader en avait fait distribuer à tous ses soldats pour les garantir des coups de l'ennemi.

Le vêtement des hommes était uniforme pour tous les bataillons, la couleur seule différait : ainsi, les réguliers de ben Allal étaient en drap blanc, d'autres avaient un vêtement bleu ou rouge, d'autres enfin en noir. La tenue comprenait :

La calotte ou chachia rouge, le capuchon en laine faisant corps avec une espèce de vareuse qui s'ouvrait sur l'épaule ;

Le gilet ;

Le pantalon bouffant, mais non attaché au-dessus du mollet ; la poche était ornée d'une tresse plus claire que l'étoffe du pantalon ; les jambières en cuir fauve attachées sur les côtés comme les guêtres à l'aide de petits cordons en cuir ;

Enfin, une paire de souliers arabes, ou bebras.

L'équipement se composait du ceinturon en cuir portant la giberne ou balasca, et du havre-sac en peau de bouc ou mesoued qui se portait en bandoulière comme l'étui-musette des soldats d'infanterie : ce havre-sac contenait les effets et les provisions de bouche.

En cas de perte d'effets par l'homme, celui-ci subissait une punition disciplinaire ; mais l'effet perdu était remplacé de suite sans qu'on lui retînt rien sur sa solde ; chaque effet avait une valeur déterminée ; le décompte de la valeur de l'effet était établi par le khodja de la compagnie ; l'homme recevait un mandat qu'il touchait en espèces et allait ensuite acheter directement ce qui lui manquait au magasin d'habillement ou chez l'armurier, car le même système de remplacement existait pour les armes.

Le soldat touchait par jour un pain de vingt oukias, ou la même quantité de blé coupé nommé dchichia, plus trois quarts d'oukia de beurre (1). A défaut de pain, il touchait une espèce de galette analogue au biscuit et appelée bechmath. L'hiver, le beurre était remplacé par l'huile : la viande et le bois étaient distribués par tente ; les quantités ne variant que pour une augmentation ou une diminution de dix hommes dans la compagnie. La dchicha était du blé coupé, cuit à l'eau et séché au soleil ; pour la manger, on la faisait cuire dans de la graisse de bœuf ou de mouton, ou encore avec de la viande.

La solde n'était que de six rialets et leur était payée une fois par mois ; mais les femmes et les enfants, restés dans les tribus, étaient nourris aux frais de l'Etat avec le blé mis en réserve dans les silos. De même que la veuve de

---

(1) La livre contient 26 oukias, l'oukia 8 tmens, le tmen 100 grains d'orge ou morceaux d'orge cassés.

l'officier, la veuve du soldat recevait la solde de son mari tué devant l'ennemi. Si le régulier était blessé pendant l'action et que sa blessure lui permît de combattre encore en étant à cheval, il était placé dans la cavalerie ; si au contraire sa blessure était trop grave pour qu'il pût rester dans le rang, il était réformé et recevait la même solde que pendant sa présence sous les drapeaux ; en cas de maladie ou d'infirmité le rendant impropre au service, il avait droit à la moitié de sa solde jusqu'à sa mort et était mis en traitement à l'hôpital de Boghar ou de Tlemcen.

Les réguliers pouvaient être nommés aux divers grades, mais pour être syaf, il fallait passer par les grades de ka'hin ou caporal et de reissof ou sous-officier ; les nominations étaient faites par le sultan et avaient toutes lieu au choix comme celles des officiers : Abd-el-Kader prenait de préférence les hommes renommés pour leur bravoure et leur sang-froid. Comme récompenses, les réguliers recevaient des décorations, appelées chiâ mohamediâ ; c'étaient, comme il a été dit plus haut, des mains à trois doigts. Le militaire qui s'était rendu digne de cette récompense était présenté à l'émir, qui, en présence de la troupe, la lui attachait lui-même sur la chachia, pendant que le tambour faisait entendre un roulement. En l'absence de l'émir, le khalifat avait qualité, pour accorder cette distinction ; mais il devait en rendre compte immédiatement pour qu'elle fût inscrite sur les grands contrôles.

Les fautes étaient punies de deux façons : par l'emprisonnement, sauf en route, et par la bastonnade. Cette dernière punition était administrée par le chaouchlasker, qui était monté, habillé, nourri, et touchait sept rialets par mois ; chaque reislaker avait un chaouch attaché à sa personne. Le nombre des coups de bâton variait suivant le

grade du chef qui ordonnait la punition, et suivant la gra-
vité de la faute commise. Les peines les plus graves
étaient celles infligées à celui qui vendait de la poudre,
qui désertait en temps de paix ou manquait à l'appel le
jour du combat ; mais elles n'étaient pas de plus d'un mois
de prison, punition relativement insignifiante, si on la
compare à l'une des fautes précitées. Le code de justice
militaire indiquait en détail la durée des punitions
pour un certain nombre de cas déterminés, tels que
port d'insignes d'un grade supérieur, absence irrégulière
à la manœuvre ou aux appels, mauvais entretien des
armes, fausse alerte donnée étant en faction, gaspillage de
la poudre, etc., etc.

Il n'est pas inutile d'examiner maintenant comment
Abd-el-Kader avait organisé ce qu'on pourrait appeler les
services administratifs.

Au début, il avait armé ses compagnons de la Zaouïa de
Mahiddin en achetant des armes et de la poudre avec l'argent provenant de la générosité des croyants ; ceux-ci
n'avaient naturellement pas encore de tenue uniforme.
Plus tard, quand l'affaire de la Macta eut fait de lui un
personnage, avec lequel nous devions compter, l'émir
trouva un appui caché chez nos voisins d'Outre-Manche,
qui lui envoyaient de Gibraltar de la poudre et des armes :
on les débarquait à Cherchell, d'où elles étaient transpor-
tées à Tlemcen et dans les autres magasins. Le Maroc et
la Tunisie en fournissaient aussi une certaine quantité
provenant de l'industrie du pays ou d'achats faits à
l'étranger. Les armes enlevées aux morts ou aux prisonniers n'étaient pas non plus laissées de côté, et Abd-el-
Kader en avait reçu de nous à diverses reprises en échange
de bœufs, de moutons et de céréales. Ainsi, après la défaite que les douairs et les smélas des environs d'Oran

infligèrent à l'émir, le général Desmichels voulant garder
son amitié lui avait écrit une lettre de condoléance et lui
avait fait délivrer contre remboursement quatre cents
fusils et une grande quantité de poudre. Déjà, à l'époque
de la signature du traité de paix, il lui avait fait gratuitement un cadeau de cette nature (26 février 1834). Par ce
traité, il était permis aux Arabes de « vendre et d'acheter
de la poudre, des armes, du soufre, enfin tout ce qui con-
cerne la guerre. » Le commerce de la Mersa était placé
sous le commandement du prince des croyants, ce qui
permettait tous les arrivages par mer. Plus tard, le maréchal Clausel avait bien, dans un arrêté, interdit, sous
peine de mort, le transport de la poudre et du plomb au-
delà des limites des camps ; mais cet arrêté n'avait pas eu
d'effet, et la vente avait bientôt recommencé au vu et au
su de l'autorité qui fermait volontiers les yeux.

Non content de revenir aux anciens errements, on fit
plus encore en 1838 : le maréchal Valée, voulant établir
d'une façon définitive les limites de nos possessions, disait
dans le projet du traité : « Les armes, la poudre, le soufre
et le plomb, dont l'émir aura besoin, seront demandés par
lui au gouvernement français qui les lui fera délivrer à
Alger au prix de la fabrication et sans aucune augmentation pour le transport par mer de Toulon en Afrique. »
(Art. 3). Un peu plus, on aurait offert de subvenir pour
rien à tous ses besoins. Semblables aux Anglais qui
vendent des armes à ceux auxquels ils font la guerre, nous
offrions à nos adversaires de quoi nous combattre, et encore nos offres étaient rejetées dédaigneusement. C'est
que non seulement Abd-el-Kader se procurait tout ce
qu'il voulait à l'étranger, mais encore c'est qu'à l'intérieur
il avait installé des arsenaux, des dépôts d'armes et des
magasins. Il y en avait d'abord à Mascara, à Nédrouma, au

Méchouar de Tlemcen et à Médéah. Plus tard, voyant que ces villes étaient trop exposées à nos attaques, il avait transporté ses magasins plus au Sud, à Tagdempt, près de Tiaret, ville où il voulait établir le siège de son gouvernement ; au Ksar-el-Boghari sur les hauteurs en face de Boghar, à Boghar sur la rive gauche du Chéliff, à Thasa située plus à l'ouest, où étaient ses moulins et ses manutentions, à Saïda, et au cœur même du désert, à Goudjilah. Des déserteurs, des renégats, rebut de la société, quelques turcs restés en Algérie, avaient été chargés de diriger les travaux ; plus tard pendant la paix, des ouvriers d'art français furent envoyés à Tagdempt pour la confection des armes ; on fondait des canons ; on confectionnait des effets d'habillement de toute nature. Ces effets étaient ensuite envoyés aux Kalifats qui les gardaient en magasin et les distribuaient au fur et à mesure des besoins, gratuitement quand l'homme s'engageait, et d'après un tarif pour les remplacements.

Ainsi le capuchon coûtait 4 rialets.

la veste	—	5 —
le gilet	—	3 —
le pantalon	—	16 —
la chachiâ	—	20 mohamediâ.

Le prix des souliers et de la chemise était variable suivant la qualité ; la cartouchière coûtait 1 rialet, le ceinturon coûtait 18 mohamediâ, la musette en peau de bouc coûtait 10 rialets, les armes et les pièces d'armes étaient également ment tarifées (1).

(1) Ces diverses monnaies sont des sous-multiples du douro boumedfa qui valait un peu plus de 5 fr. : le douro se divise en 4 rialets, le rialet se divise en 3 rba algériens, le rba se divise en mohamediâ. Les mohamediâ étaient frappés par l'émir et portaient le nom du prophète.

Abd-el-Kader trouva également de la poudre et des armes chez certaines tribus de la Kabylie : les reboulas lui fabriquaient de la poudre d'après des procédés analogues aux nôtres ; il y a chez eux de nombreuses cavernes naturelles dont les parois fournissent du salpêtre en abondance. On trouvait aussi du plomb sur le territoire de cette tribu, ainsi que dans la tribu des beni bou Thaleb près de Sétif ; celle des beni Abbas fabriquait les armes à feu ; les armes blanches étaient confectionnées en grande partie par les Flissas avec le fer extrait des deux mines très-abondantes, l'une chez les Berbachas, l'autre chez les beni Slymen.

Abd-el-Kader, on le voit, ne manqua jamais d'armes ni de munitions ; la piété des fidèles et l'impôt payé par les tribus lui permirent toujours de faire face à tous les besoins. La lutte, comme on le verra plus loin, ne cessa qu'après la destruction complète des bataillons de réguliers, ce qui entraîna la défection des tribus.

Etudions maintenant la manière de combattre des troupes dont nous venons de voir l'organisation. En temps de paix, les réguliers allaient chaque jour à la manœuvre ; au retour de l'exercice, on entretenait leur fanatisme ; avant de faire rompre les rangs, l'officier qui commandait la troupe prononçait à haute voix ces paroles : « Vous entendez, ô vous tous qui êtes les guerriers de la foi, nous allons recommencer la guerre sainte ; souvenez-vous que la mort dans le combat, c'est la vie dans l'autre monde ; que Dieu fasse triompher notre seigneur et maître le sultan Sid-el-Hadj-Abd-el-Kader. »

Les manœuvres consistaient en exercices à rangs serrés et en applications nombreuses du service en campagne ; dans le combat, il fallait chercher le commandant de la troupe ennemie et diriger sur lui tous les coups : des

galons sur les bras et à la coiffure devaient le faire reconnaître ; on devait marcher à l'assaut au cri de : « Que
Dieu vous protège ! » On devait aussi tirer en s'avançant
et attaquer à l'arme blanche quand on voyait beaucoup
d'hommes mis hors de combat.

Les attaques de nuit étaient rares : celle de ben Thami
(21 octobre 1841), près Saïda, faillit cependant réussir.
On recommandait aux hommes de profiter des obstacles ;
dans la défense du col de Mouzaïa, les réguliers étaient si
bien embusqués qu'ils nous firent subir des pertes consi-
dérables avant de pouvoir les aborder ; il fallut employer
la baïonnette pour les mettre en fuite. Ils formaient des
avant-postes autour des endroits où ils campaient, et des
patrouilles volantes exploraient le terrain à une distance
assez grande pour qu'il fût à peu près impossible de les
surprendre. Il n'en fut pas toujours de même pour nos
troupes dont l'emplacement était toujours parfaitement
connu de l'ennemi, tandis que nous recevions sur le
sien des renseignements faux la plupart du temps.
A nos lourdes colonnes traînant derrière elles un convoi
interminable, ils opposaient une mobilité complète, nous
laissaient nous engager dans une direction quelconque,
nous harcelant de droite et de gauche, tombant sur nos
arrière-gardes épuisées, et se dérobant quand un retour
offensif venait arrêter leur audace. En général, les troupes
régulières tâchaient de nous éviter ; leur rôle consistait
surtout à soulever les tribus, et celles-ci une fois engagées,
ils ne leur prêtaient pas toujours main-forte, comme on le
vit au combat de Medzerga près de Sétif (1er septembre
1840). Le bataillon de El-Hadj-Mustapha, présent au début de la bataille, ne prit aucune part à l'action et s'éloi-
gna en toute hâte, abandonnant lâchement les Kabyles,

qui se firent tuer en gens de cœur. Par contre, ils combat-
tirent bravement au col de la Mouzaïa (1840), où Abd-
el-Kader avait réuni toute son infanterie ; pendant que
notre tête de colonne attaquait le troisième contrefort,
elle fut assaillie par une réserve de réguliers qui se batti-
rent avec une grande bravoure. Nous les avions déjà vus
auparavant déployer beaucoup de valeur à la Macta, où
l'émir, pour gagner notre colonne de vitesse, les fit monter en croupe derrière ses cavaliers.

Ces troupes, qui dans toutes les affaires avaient rarement
tenu devant nos charges de cavalerie, agissaient tout autre-
ment quand on allait les attaquer à l'improviste dans leurs
camps et faire des razzias sur le territoire des tribus où
elles tenaient garnison L'attaque avait lieu avant le jour,
le camp était enlevé à la baïonnette et sans qu'on répondît
à la fusillade ; mais alors les réguliers tâchaient d'attirer
nos efforts dans une direction unique ; ils s'exposaient
bravement à nos coups, nous résistaient quelque temps,
puis prenaient la fuite en criant et en nous attirant à leur
poursuite ; au jour, on s'apercevait que le douar ou la
smala avait disparu et on ne pouvait plus retrouver ses
traces. Cette ruse réussit bien souvent, et la smala d'Abd-
el-Kader put ainsi nous échapper plusieurs fois.

Outre le profond respect qu'il inspirait à ses hommes,
Abd-el-Kader avait su se faire aimer d'eux et flatter leurs
goûts : son génie plein de séduction lui faisait plus de par-
tisans que le fanatisme. On cite de lui des traits qui devaient agir sur des esprits un peu neufs : dans des cir-
constances critiques, il avait su s'associer d'une façon
ostensible à la mauvaise fortune de ses soldats et s'attirer
ainsi leur affection. On racontait que dans une marche
forcée où ceux-ci, réduits aux plus dures extrémités,

n'avaient pour assouvir leur faim qu'une mince ration de glands, il avait refusé de goûter à un mouton qu'on avait trouvé, et rejeté la séduisante aubaine qui eût fait cesser entre lui et les siens l'égalité des privations. Cachant sous une indolence apparente une activité infatigable, il avait su se multiplier, veillant lui-même à tous les détails d'organisation, stimulant le fanatisme et la haine, passant des revues nombreuses et inopinées, distribuant les récompenses et les punitions d'une façon impartiale, surveillant les enrôlements, etc...

Ce contact incessant avec sa troupe l'avait rendu si populaire qu'en 1847, quand Abd-er-Rhaman, empereur du Maroc, lui offrit l'hospitalité à Fez en promettant l'admission des réguliers dans les troupes marocaines, il n'hésita pas à réunir ceux-ci, et leur exposa la situation sans rien dissimuler. Ces hommes ne trompèrent pas la confiance de l'émir, et fidèles à sa cause, ils lui jurèrent de le suivre jusqu'au dernier ; on vit plus tard, au combat de la Moulouïa, qu'ils savaient tenir leur serment. A côté de ces qualités, les réguliers avaient leurs défauts : après le désastre de l'Habra, Abd-el-Kader, n'ayant pu leur donner la victoire, leur avait donné la ville de Mascara à mettre au pillage : tous les excès furent naturellement commis, et ces forcenés se vengèrent de leur défaite par le meurtre, le vol et l'incendie.

Plus tard, à Sidi-Brahim (27 avril 1842), ces mêmes hommes, contrairement à toutes les lois de la guerre et de l'humanité, égorgèrent lâchement les prisonniers français avec l'assentiment du Khalifat bou-Hamedi. Il est vrai qu'à cette époque les soldats étaient aigris par les revers et manquaient à peu près de tout, ayant à peine une poignée d'orge pour vivre. Le prestige que les réguliers donnèrent

à l'émir fut immense : il s'en fit une véritable garde préto-
rienne, contre laquelle aucune révolte partielle ne put jamais tenir. Grâce à cette armée dont il était sûr, il avait
exigé que chacune des tribus de l'Atlas lui fournît un
contingent pour grossir ses troupes dès la reprise des
hostilités ; ces tribus étaient forcées à la fidélité bien
qu'exposées à notre vengeance : elles savaient en effet
qu'en cas d'expédition, elles pouvaient mettre hors de notre
portée leurs principales richesses, les bestiaux, tandis que
l'émir pouvait les ruiner complètement et les punir d'une
façon terrible d'avoir sollicité de nous une protection souvent inefficace. Grâce à cette armée encore, Abd-el-Kader
avait tour à tour écrasé les chefs qui lui résistaient, entre
autres Mouça le Darkaoui en 1835 et trois ans après Tedjini
qu'il avait assiégé dans sa capitale, Aïn-Madhy, au bout
du désert. C'est là qu'un français, nommé Roche, avait
dirigé ce qu'on pourrait appeler les travaux du génie ; à
l'aide de mines, il avait fait tomber un pan de mur et mé-
rité ainsi la confiance du prince qui en avait fait son secrétaire.

Il serait trop long d'énumérer tous les combats où le
sang des réguliers coula si abondamment ; ce qui est certain, c'est qu'ils perdirent moins d'hommes en nous com-
battant que dans leurs luttes intestines.

La désorganisation commença dès l'arrivée du maréchal
Bugeaud : par suite de pertes continuelles, les effectifs
diminuèrent peu à peu sans qu'on pût trouver de quoi
remplir les vides ; le recrutement forcé employé par
quelques khalifats ne donna pas le résultat qu'ils en
attendaient. Mais cette diminution d'effectif n'était encore
rien : une véritable série de désastres allait anéantir ces
bataillons, si habilement organisés. Le 14 janvier 1841,

le général Lamoricière détruisit tout un bataillon ; en 1843, Embarek était tué à l'Oued-Mala, et sa troupe presque entièrement anéantie ; son successeur, Ben-Allal, périssait également la même année au combat de l'Oued-Kachela, où se consommait la ruine des nouvelles troupes qu'il avait recrutées. La même année encore, Abd-el-Kader était atteint dans ses affections les plus chères : sa smala était prise par le duc d'Aumale, après le combat désastreux de Taguin.

A la suite de tant de malheurs, l'émir vit qu'il fallait courber la tête, et, en attendant des jours meilleurs, il passa dans le Maroc ; mais bientôt honteux de son inaction, il recommençait la lutte, formait de nouveaux bataillons, réunissait ses réguliers dispersés, et avec ces nouvelles troupes, il entrait à nouveau dans l'arène.

Malheureusement pour lui il fut battu partout ; ses dernières ressources disparurent ; Bou-Hamedi, envoyé au Maroc pour chercher de nouveaux secours, était retenu prisonnier à Fez par le pusillanime Abd-er-Rhamane ; Ben-Salem battu à Tasourga (1844), puis à Cherak-Teboul (1846), se rendait au maréchal Bugeaud (27 février 1847) ; il ne restait plus que trois khalifats, Ben-Thami, Bou-Klika, Kaddour-Ben-Allal : aussi Abd-el-Kader comprit que la lutte était désormais impossible ; il fit aux quelques braves qui lui restaient des adieux touchants et tenta de gagner le désert. Mais la fuite elle-même n'était plus possible ; enveloppé dans un cercle d'ennemis, il ne put franchir leur lignes, et envoya son lieutenant demander l'aman au général Lamoricière (23 décembre 1847).

L'Algérie était conquise, il n'y eut plus que des insurrections facilement étouffées : Bou-Bar'la en 1852, Sidi-Djoudi en 1854, l'homme à l'ânesse en 1855, El-Hadj-

Amar, l'année suivante, tentèrent en vain d'imiter le prince des croyants ; leur défaite rapide ne laissa aux Arabes aucun doute sur la solidité de l'occupation. On incorpora dans nos corps indigènes ceux des réguliers qui se présentèrent, et les Arabes purent constater par là combien nous estimions des adversaires qui nous avaient loyalement combattus. Il y en a encore un certain nombre dans les régiments de tirailleurs algériens : certains y ont acquis des grades et quelques-uns même ont été promus officiers.

C'est d'ailleurs d'après le témoignage de plusieurs de ces vieux braves et d'après divers ouvrages sur notre histoire militaire en Algérie que sont écrites les pages précédentes.

1881. — G. N. 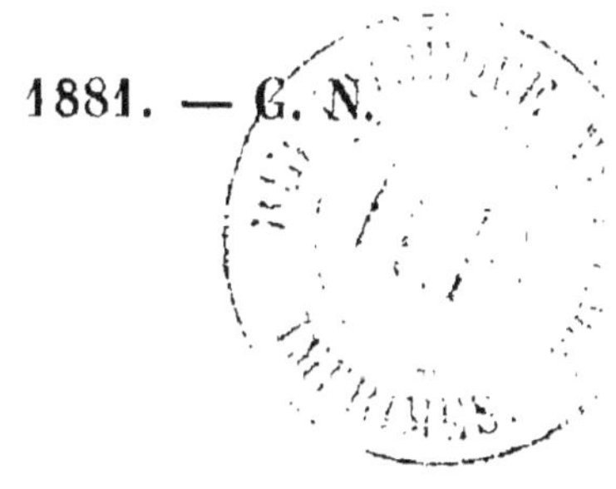